JN107200

オイルで作る
焼き菓子ベストレシピ

吉川文子

はじめに

一年中、手軽に作れておいしく食べられるお菓子があれば……
猛暑の夏にそんなことを考えたのが、オイルでお菓子を作り始めるきっかけでした。

真夏の暑い時期になると、バターを使ったお菓子は重たく感じ、気温が高すぎてバターの扱いにも苦労したものですが、オイルを使うようになってからは季節を問わず、口当たり軽やかなお菓子を気軽に作って楽しめるようになりました。

最初にオイルで作ったお菓子はパウンドケーキでしたが、おいしくできることを確信すると、クッキー、スコーン、パイ、タルトと、レシピの数とバリエーションはどんどん増えていきました。

オイルのお菓子を作り続けてきて感じるのは、
「オイルがあれば、バターがなくてもいろいろなお菓子が作れるだけでなく、作り方がシンプルで簡単、素材の風味がストレートに感じられる」ということです。

この本では今まで作り続けているレシピの中から、くり返し作って喜ばれる人気のレシピ、オイルのお菓子ならではのおいしさを感じていただけるレシピを厳選しました。

作り置きや贈り物にもぴったりな定番の焼き菓子から、焼き立てほかほかのおいしさが味わえる台湾カステラまで、どれも家庭で手軽に作れるお菓子ばかりです。

オイルのお菓子を手作りする楽しさを多くの方々に知っていただけますように。

吉川文子

オイルのお菓子をおいしく作るコツ

バターのお菓子とは違うオイルだからこそのメリットや作り方のコツがあります。
これさえマスターすれば、失敗知らず！
オイルのお菓子を楽しく、おいしく作ってください。

1

実はとっても
手軽に作れます

バターはやわらかくするために室温にもどしたり、加熱したりと準備にひと手間かかりますが、オイルはそもそも常温保存でそのまま使えるので思い立ったらすぐにお菓子作りをスタートできます。製菓用に食塩不使用のバターを購入する必要もなく、家にあるオイルで作れます。

2

味や香りにクセの
ないオイルを選ぶ

本書では「太白ごま油」を使用していますが、植物油であれば菜種油やサラダ油を使っても大丈夫です。香りや味のきついものはお菓子の味にも影響を与えてしまうため、クセのないものを使用してください。

3

油と水分を
とろりとするまでよく混ぜる

オイルならではのおいしく作るコツがこれ。油と水は相性が悪いため、軽く混ぜるだけでは、なかなかしっかりと混ざりません。オイルを加えるときは少量ずつ数回に分けて加え、そのつどしっかり素材と混ぜましょう。液体がとろりとしたら乳化（本来混ざらないものが均一に混ざった状態）のサイン。とろみを見極めて混ぜてください。

4

砂糖と卵を
よく混ぜる

固形の砂糖を卵にしっかり溶かすとほかの素材ともなじみがよくなり、おいしく作れます。レシピでは泡立て器で1分間混ぜるのが基本です。続けて混ぜるとちょっと長く感じるかもしれませんが、がんばって混ぜましょう。

Contents
^ ^ ^ ^ ^ ^ ^ ^ ^

 マークについて

本書の中でも特に人気のあるお菓子や
幅広い年代に好まれる定番のお菓子、
各章の基本になるレシピです。初めて
オイルのお菓子を作る方や、何を作る
か迷ったときはこのマークがついている
レシピがおすすめです。

◎大さじ1は15ml、小さじ1は5mlです。
◎卵はMサイズを使用しています。
◎ヨーグルトはプレーン（砂糖不使用）を使用しています。
◎オーブンの温度や時間は目安です。熱源や機種によって焼き上がりに違いが生じるので調整してください。
◎電子レンジは600Wのものを使用しています。500Wの場合は加熱時間を1.2倍にして調整してください。
◎電子レンジは指定以外、ラップをかけずに使用してください。
◎保存期間は目安です。清潔な状態で保存し、なるべく早めに食べ切ってください。
　また、夏はすべて冷蔵庫で保存してください。

INGREDIENTS
〈基本の材料〉

本書で使う主な材料は、スーパー、製菓店などで
手軽に購入できます。オイルはクセのない種類を、
そのほかは手に入るものでOKです。

薄力粉

グルテンをあまり含まず、焼き菓子に向いている薄力粉を生地のベースとして使用。開封後は密閉し、乾燥した涼しい場所で保存します。

ごま油

本書では香りが控えめでどんなお菓子にも合う太白ごま油を使用。香りの強いごま油は不向きです。サラダ油などほかの植物油を使ってください。

きび砂糖

ミネラルを多く含む独特の風味がある砂糖。お菓子にコクを加えたいときはきび砂糖を使用しています。

グラニュー糖

クセがなく、さらっとした甘さで焼き菓子に適した砂糖です。軽やかに仕上げたい場合はグラニュー糖を使用します。

メープルシロップ

砂糖の代わりに甘味を加えたり、メープルシロップ特有の風味を楽しみたいときに使います。

卵

Mサイズ（1個約55g＝卵黄20g、卵白35g）を使用しています。卵は室温にもどしてから使用すると、ほかの材料との温度差がなく、よく混ざります。

塩

塩味を加えるレシピのほか、少量加えると味が引き立ちます。いろいろなタイプの塩がありますが、手に入るものでOK。

アーモンドパウダー

アーモンドを粉状にしたもので、クッキーは香ばしく焼き上がり、パウンドケーキはしっとり感とコクが増します。

牛乳

成分無調整のタイプを使っています。軽やかなオイルの生地に風味とコクを加えたいときにプラスします。

ヨーグルト

砂糖不使用のプレーンタイプを使用。コクが増し、水と油が混ざり合う乳化を促進する効果もあります。

バニラオイル

バニラ風味の香料。バニラエッセンスにくらべて熱に強く、焼き菓子に加えてもバニラの香りが残ります。

ベーキングパウダー

ケーキ類をふんわりと焼き上げてくれる膨張剤。クッキーをさっくりと仕上げる効果もあります。

〈 基本の道具 〉

お菓子作りに使用する基本の道具を紹介します。
ゴムべらやカード、泡立て器など、材料を混ぜる道具を使い分けるのが
食感の違う焼き菓子をおいしく作るコツです。

ボウル

外径23cmのものを基本に、いくつかサイズ違いを揃えておくと便利です。電子レンジには耐熱性のものを使用してください。

ふるい

薄力粉をふるってかたまりを取り除くだけでなく、いくつかの粉類をボウルで合わせるときにも使用します。

ゴムべら

生地に粘り気が出ないように、さっくりと混ぜたいときに使用。耐熱性のシリコン製のものが使い勝手がよくおすすめ。

泡立て器

生地を混ぜたり、ホイップクリームを作ったりするときはこれ。ボウルのサイズに合う、ワイヤーのしっかりとしたものを選んでください。

カード

生地を切ったり、混ぜたり、カットしたフルーツを運んだりと何かと出番の多い道具。ひとつ持っておくと便利です。

スケール

お菓子作りは分量を正確に量るのが基本です。1g単位で量れるデジタルスケールがおすすめです。

ハンドミキサー

メレンゲやクリームの泡立てに使用。高速で空気を含ませながら混ぜることができるため、作業が短時間で済み、ラクになります。

めん棒

クッキーの生地をのばすときに使用します。硬い生地でも均一の厚さに仕上げることができます。

ケーキクーラー

焼き上がったお菓子をのせて粗熱をとります。レシピによって型ごとのせる場合もあるのでよく確認を。

7

〈オーブンシートの敷き方〉

型を使うお菓子はオーブンシートやグラシン紙を敷き、
生地が流れたり、くっついたりするのを防ぎます。
型にぴったり合わせると焼き上がりもきれいになるので
丁寧に行いましょう。

┊ パウンド型 ┊

生地の水分が少なめのしっとりタイプは切り込みあり、
バスクチーズケーキのように水分の多い生地は切り込みなしと使い分けます。

切り込みあり

1
オーブンシートは型に
入れたとき2〜3cm高く
なる大きさにカットす
る。底のサイズに合わ
せて折り筋をつける。

2
小さい側面の折り筋ま
で切り込みを入れる。
反対側も同様に切る。

3
型に入れて長辺の余分
なシートを角で折り、
手前に短辺のシートを
重ねて納める。

切り込みなし

1
オーブンシートは型に
入れたとき2〜3cm高く
なる大きさにカットす
る。底のサイズに合わ
せて折り筋をつける。

2
型に入れて余分なシー
トをつまんでたたみな
がら折り、底の角にぴ
ったり合わせる。

3
反対側も同様にたたん
で型に敷き込む。

┊ マフィン型 ┊

型に1枚ずつマフィン
用グラシン紙を入れる。

耐水性、耐熱性にすぐれたグラシン紙の
マフィンカップを使用します。型の直径に
ぴったり合うものを購入しましょう。

台湾カステラの角型

湯せん焼きにするので、オーブンシートは切り込みを入れずに敷きます。
さらに周りをアルミ箔で覆い、型の継ぎ目から水が入るのを防ぎます。

1
オーブンシートは型に入れたとき2〜3cm高くなる大きさにカットする。型の幅に合わせて両端を折る。

2
側面の幅に合わせて折り筋をつけ、余分な部分をたたんでつまむ。

3
オーブンシートを開いて側面に沿わせる。反対側も同様に折る。

4
アルミ箔は型全体を包める大きさにカットし、型に沿わせて折る。

5
水が入らないように角の余分な部分を折りたたみながら、4辺ともアルミ箔でぴったり覆う。

〈 お菓子の保存方法 〉

お菓子を保存する場合は、最後までおいしく食べられるように
焼きっぱなしで長時間放置せず、お菓子の種類に合った方法で保存をしましょう。
保存場所と保存期間はそれぞれのレシピを確認してください。

クッキーは湿気が苦手です。密閉容器に乾燥剤を入れて保存しましょう。乾燥剤はシリカゲルやシートタイプなど何でもOK。製菓材料店などで購入することができます。

台湾カステラとパウンドケーキは一切れずつカットしてラップにくるみ、保存用ビニール袋や密閉容器へ。マフィン、スコーンは1個ずつラップにくるんで、同様に保存用ビニール袋などに入れてください。

台湾カステラ

台湾で昔から親しまれている「台湾カステラ」。密度の濃い一般的なカステラとは違い、しっとりとしたシフォンケーキのような食感に日本でもファンが増えています。バニラ風味のプレーンはもちろん、バナナやコーヒーなどアレンジ生地を味わえるのも手作りならでは。

プレーン

たっぷりのメレンゲを使って湯
せん焼きした生地はふるふる、
しゅわっと口の中でとろけます。
ぜひ焼き立てを味わって。

〈作り方 → p.12〉

台湾カステラ プレーン

材料 (15×15×6cmの角型1台分)

薄力粉 … 65g
植物油 … 50g
牛乳 … 50g
卵黄 … 4個分
バニラオイル … 少々
メレンゲ
　卵白 … 4個分
　グラニュー糖 … 75g

保存：常温で2日間

下準備

・オーブンシートを型に敷き込む(p.9参照)。
・型の周りをアルミ箔でぴったりと覆う(p.9参照)。
・オーブンを180℃に予熱する。

オーブン

作り方ではヒーター式オーブンを使用しています。コンベクションオーブンを使う場合は、2枚重ねた天板の上にバットをのせ、バットの底にペーパータオルを敷いて型をのせます。バットの内側に型の半分の高さまで50℃の湯を張り、150℃に予熱したオーブンで50分焼きます。表面が白っぽい場合は最後に180℃に上げて5分焼いてください。

〈角型〉

15cm
6cm
15cm

作り方

1　薄力粉をボウルにふるい入れ、ゴムべらで中央に穴をあける。植物油を耐熱容器に入れて電子レンジで20〜30秒加熱し、60℃くらいに温めて中央の穴に注ぐ。

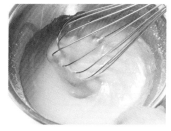

2　泡立て器で周りの粉を崩すようになめらかになるまで混ぜる。

3　牛乳を耐熱容器に入れて電子レンジで30秒加熱し、50〜60℃に温めて加える。全体がなじむまで軽く混ぜる。
◎牛乳を冷たいまま加えるとなじみにくいので温めるとよい。

4　卵黄とバニラオイルを加える。全体がなじむまでよく混ぜる。

5　メレンゲを作る。別のボウルに卵白と半量のグラニュー糖を入れ、ハンドミキサーの中速で泡立てる。泡立ってきたら残りのグラニュー糖を加える。

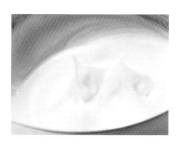

6　さらに泡立て、メレンゲの状態がやわらかく、角が立つくらいになったら混ぜ終わり。

7 きめを整えるため、泡立て器に持ち替えて全体を混ぜる。すくったメレンゲの角が垂れ下がるくらいになったら混ぜ終わり。
◎八分立てのホイップクリームくらいの状態を目安に硬いメレンゲにならないように注意。

8 4にメレンゲをふたすくい加える。

9 全体がなじむまでさっくりと混ぜる。

10 7に戻し入れる。

11 ゴムべらに持ち替え、泡をつぶさないようにボウルを回しながら、底から返すように40〜50回くり返し混ぜる。
◎混ぜる回数が少ないと全体に混ざらず、回数が多すぎると焼いたときに膨らみにくくなる。

12 オーブンシートを敷き、アルミ箔で覆った型に生地を流し込む。型ごと10cmくらいの高さから2〜3回落として大きな気泡ができないように空気を抜く。

13 天板にのせ、50℃くらいの湯を1cmの高さになるまで注ぐ。180℃に予熱したオーブンの温度を160℃に下げ、55分焼く。

14 焼き上がったらシートごと型から取り出し、10cmくらいの高さから落として焼き縮みを防ぐ。

15 すぐにオーブンシートをはずし、ケーキクーラーにのせて粗熱をとる。

台湾カステラ メープルジンジャー

生のしょうがの香りがよいアクセントに。焼き立てはもちろん、
冷蔵庫で冷やして食べるとよりしっとりして、じわっと香りが口に広がります。

材料（15×15×6cmの角型1台分）

薄力粉 … 70g

植物油 … 50g

a
| 牛乳 … 30g
| しょうがの絞り汁 … 30g
| メープルシロップ … 30g

卵黄 … 4個分

メレンゲ
| 卵白 … 4個分
| グラニュー糖 … 60g

下準備

• オーブンシートを型に敷き込む
　（p.9参照）。
• 型の周りをアルミ箔でぴったりと覆う
　（p.9参照）。
• オーブンを180℃に予熱する。

保存：常温で2日間

作り方

1　薄力粉をボウルにふるい入れ、ゴムべらで中央に穴をあける。植物油を耐熱容器に入れて電子レンジで20〜30秒加熱し、60℃くらいに温めて中央の穴に注ぎ、泡立て器で周りの粉を崩すようになめらかになるまで混ぜる。

2　aを耐熱容器に入れて電子レンジで30秒加熱し、50〜60℃に温めて加える。全体がなじむまで軽く混ぜる。

3　卵黄を加え、全体がなじむまでよく混ぜる。

4　メレンゲを作る。別のボウルに卵白と半量のグラニュー糖を入れ、ハンドミキサーの中速で泡立てる。泡立ってきたら残りのグラニュー糖を加える。さらに泡立て、メレンゲの状態がやわらかく、角が立つくらいになったら混ぜ終わり。

5　きめを整えるため、泡立て器に持ち替えて全体を混ぜる。すくったメレンゲの角が垂れ下がるくらいになったら混ぜ終わり。

6　3にメレンゲをふたすくい加え、泡立て器で全体がなじむまでさっくりと混ぜたら、5に戻し入れる。

7　ゴムべらに持ち替え、泡をつぶさないようにボウルを回しながら、底から返すように40〜50回くり返し混ぜる。

8　オーブンシートを敷き、アルミ箔で覆った型に生地を流し込む。型ごと10cmくらいの高さから2〜3回落として大きな気泡ができないように空気を抜く。

9　天板にのせ、50℃くらいの湯を1cmの高さになるまで注ぐ。180℃に予熱したオーブンの温度を160℃に下げ、55分焼く。

10　焼き上がったらシートごと型から取り出し、10cmくらいの高さから落として焼き縮みを防ぐ。すぐにオーブンシートをはずし、ケーキクーラーにのせて粗熱をとる。

台湾カステラ バナナ

人気のバナナは台湾カステラに加えても間違いなしのおいしさ！
そのまま食べるのはもちろん、ホイップクリームを添えれば満足感のあるカフェ風スイーツに。

材料（15×15×6cmの角型1台分）

a

薄力粉 … 70g

ベーキングパウダー … 小さじ1/4

植物油 … 40g

牛乳 … 40g

卵黄 … 4個分

バナナ … 1本（正味100g）

メレンゲ

卵白 … 4個分

グラニュー糖 … 70g

下準備

・オーブンシートを型に敷き込む
（p.9参照）。
・型の周りをアルミ箔でぴったりと覆う
（p.9参照）。
・オーブンを180℃に予熱する。

保存：常温で2日間

作り方

1 aをボウルにふるい入れ、ゴムべらで中央に穴をあける。植物油を耐熱容器に入れて電子レンジで20秒加熱し、60℃くらいに温めて中央の穴に注ぎ、泡立て器で周りの粉を崩すようになめらかになるまで混ぜる。

2 牛乳を耐熱容器に入れて電子レンジで20秒加熱し、50〜60℃に温めて加える。全体がなじむまで軽く混ぜる。

3 卵黄を加え、全体がなじむまでよく混ぜる。

4 別のボウルにバナナを入れて、フォークで粗くつぶし（p.42参照）、3に加えて泡立て器で混ぜる。

5 メレンゲを作る。別のボウルに卵白と半量のグラニュー糖を入れ、ハンドミキサーの中速で泡立てる。泡立ってきたら残りのグラニュー糖を加える。さらに泡立て、メレンゲの状態がやわらかく、角が立つくらいになったら混ぜ終わり。

6 きめを整えるため、泡立て器に持ち替えて全体を混ぜる。すくったメレンゲの角が垂れ下がるくらいになったら混ぜ終わり。

7 4にメレンゲをふたすくい加え、泡立て器で全体がなじむまでさっくりと混ぜたら、6に戻し入れる。

8 ゴムべらに持ち替え、泡をつぶさないようにボウルを回しながら、底から返すように40〜50回くり返し混ぜる。

9 オーブンシートを敷き、アルミ箔で覆った型に生地を流し込む。型ごと10cmくらいの高さから2〜3回落として大きな気泡ができないように空気を抜く。

10 天板にのせ、50℃くらいの湯を1cmの高さになるまで注ぐ。180℃に予熱したオーブンの温度を160℃に下げ、55分焼く。

11 焼き上がったらシートごと型から取り出し、10cmくらいの高さから落として焼き縮みを防ぐ。すぐにオーブンシートをはずし、ケーキクーラーにのせて粗熱をとる。

BANANA CASTELLA CAKE

台湾カステラ コーヒー

コーヒーの香りとほろ苦さを感じられる大人向けの一品。
たっぷりと卵を使う台湾カステラの香りが苦手な人でも食べやすくておすすめです。

材料（15×15×6cmの角型1台分）

薄力粉 … 65g

植物油 … 50g

a
> 牛乳 … 55g
> インスタントコーヒー（粉）… 5g

卵黄 … 4個分

メレンゲ
> 卵白 … 4個分
> グラニュー糖 … 80g

下準備

・オーブンシートを型に敷き込む
　（p.9参照）。
・型の周りをアルミ箔でぴったりと覆う
　（p.9参照）。
・オーブンを180℃に予熱する。

保存：常温で2日間

作り方

1　薄力粉をボウルにふるい入れ、ゴムべらで中央に穴をあける。植物油を耐熱容器に入れて電子レンジで20〜30秒加熱し、60℃くらいに温めて中央の穴に注ぎ、泡立て器で周りの粉を崩すようになめらかになるまで混ぜる。

2　aを耐熱容器に入れて電子レンジで30秒加熱し、50〜60℃に温めて加える。全体がなじむまで軽く混ぜる。

3　卵黄を加え、全体がなじむまでよく混ぜる。

4　メレンゲを作る。別のボウルに卵白と半量のグラニュー糖を入れ、ハンドミキサーの中速で泡立てる。泡立ってきたら残りのグラニュー糖を加える。さらに泡立て、メレンゲの状態がやわらかく、角が立つくらいになったら混ぜ終わり。

5　きめを整えるため、泡立て器に持ち替えて全体を混ぜる。すくったメレンゲの角が垂れ下がるくらいになったら混ぜ終わり。

6　3にメレンゲをふたすくい加え、泡立て器で全体がなじむまでさっくりと混ぜたら、5に戻し入れる。

7　ゴムべらに持ち替え、泡をつぶさないようにボウルを回しながら、底から返すように40〜50回くり返し混ぜる。

8　オーブンシートを敷き、アルミ箔で覆った型に生地を流し込む。型ごと10cmくらいの高さから2〜3回落として大きな気泡ができないように空気を抜く。

9　天板にのせ、50℃くらいの湯を1cmの高さになるまで注ぐ。180℃に予熱したオーブンの温度を160℃に下げ、55分焼く。

10　焼き上がったらシートごと型から取り出し、10cmくらいの高さから落として焼き縮みを防ぐ。すぐにオーブンシートをはずし、ケーキクーラーにのせて粗熱をとる。

Part 2
MUFFIN

マフィン

手軽に作れるマフィンは食感の違う3タイプを紹介します。ひとつのボウルに材料を順に加えて混ぜるだけのしっとり＆さっくりマフィンと、メレンゲを加えるふんわりマフィン。フルーツやチョコレートなど味のバリエーションも豊富だから、好みの味に出会えます。

RECOMMEND

しっとり

ココアクッキーマフィン

プレーンのマフィン生地に、市販のココアクッキーをトッピング。具材次第で味の変化を楽しめるのもマフィンの魅力です。

〈作り方 → p.22〉

ココアクッキーマフィン

材料 （直径7cmのマフィン型6個分）

卵 … 1個

グラニュー糖 … 60g

植物油 … 60g

ヨーグルト … 40g

牛乳 … 40g

a

薄力粉 … 120g

ベーキングパウダー … 小さじ1

トッピング

クリームサンドココアクッキー（市販） … 6枚

下準備

・型にマフィン用グラシン紙を敷く
（p.8参照）。
・オーブンを190℃に予熱する。

保存：常温で3日間

〈マフィン型〉

直径7cm

作り方

1 ボウルに卵を割り入れ、グラ
ニュー糖を加える。

2 泡立て器で1分ほど混ぜる。

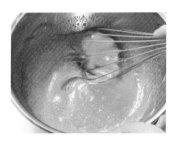

3 植物油を3回に分けて加え、
そのつどよく混ぜる。

4 植物油と卵が分離せず、泡立
て器から落ちた卵液がとろっと
するまでよく混ぜる。

◎油は水分と混ざりにくいため、
少量ずつ加えてそのつどしっかり
と混ぜ、卵液にとろみが出るのを
見極める。

5 ヨーグルトを加え、かたまりが
なくなるまでよく混ぜる。

6 牛乳を加え、なじんで見えなく
なるまで混ぜる。

7　aをふるい入れる。

8　泡立て器で中心から混ぜ始め、徐々にボウル全体に広げて粉が見えなくなって、なめらかになるまで混ぜる。

9　ゴムべらに持ち替え、底から返すように全体を数回混ぜる。
◎混ぜ残しや底にたまったものを最後に混ぜる。混ぜすぎないように注意する。

10　グラシン紙を敷いた型に8分目を目安に、スプーンで生地を等分にすくい入れる。

11　ココアクッキーを適当な大きさに手で割り、生地の上にのせる。190℃に予熱したオーブンで18分焼く。

12　焼き上がったらフォークなどを使ってマフィンを取り出し、ケーキクーラーにのせて粗熱をとる。

RECOMMEND

さっくり

コーヒーとホワイトチョコのマフィン

さっくりとした食感のほろ苦いコー
ヒー生地にとろりと甘いホワイトチ
ョコクリームとピーカンナッツをトッ
ピング。味のハーモニーを楽しんで。

〈作り方 → p.26〉

〈作り方 → p.27〉

しっとり

黒糖バナナマフィン

バナナを加えたもちっとした食感の
食べ応えのあるマフィン。黒糖の風
味がバナナの甘さを引き立て、やさ
しい味わいに。

コーヒーとホワイトチョコのマフィン

材料（直径7cmのマフィン型6個分）

卵 … 1個

グラニュー糖 … 70g

植物油 … 70g

インスタントコーヒー（粉）… 小さじ1

a

　薄力粉 … 100g

　ベーキングパウダー … 小さじ1/2

　塩 … ひとつまみ

ピーカンナッツ（ロースト）… 30g

ホワイトチョコクリーム

　ホワイトチョコレート … 40g

　牛乳 … 15g

トッピング

ピーカンナッツ（ロースト）… 6個

下準備

・生地用のピーカンナッツを粗く刻む。

・型にマフィン用グラシン紙を敷く
　（p.8参照）。

・オーブンを180℃に予熱する。

> 保存：常温で3日間
> 　　　クリームをかけたら冷蔵保存

作り方

1　ボウルに卵を割り入れ、グラニュー糖を加えて泡立て器で1分ほど混ぜる。

2　植物油を3回に分けて加え、そのつどよく混ぜる。

3　インスタントコーヒーを加えて混ぜる。

4　aをふるい入れ、泡立て器で中心から混ぜ始める。徐々にボウル全体に広げて粉が残っている状態で刻んだピーカンナッツを加える。ゴムべらに持ち替え、底から返すように全体を数回混ぜる。

5　グラシン紙を敷いた型に8分目を目安に、スプーンで生地を等分にすくい入れ、180℃に予熱したオーブンで18分焼く。

6　焼き上がったらフォークなどを使ってマフィンを取り出し、ケーキクーラーにのせて粗熱をとる。

7　ホワイトチョコクリームを作る。ホワイトチョコレートを刻んで耐熱性のボウルに入れる。牛乳を別の耐熱容器に入れて、電子レンジで20秒加熱して加える。少しおいてチョコレートが溶け始めたら泡立て器で混ぜ合わせる。溶け切らない場合は電子レンジでさらに5〜6秒加熱して溶かす。冷蔵庫に入れて冷やす（写真A）。

8　ホワイトチョコクリームをスプーンですくってマフィンにかける（写真B）。中央にトッピング用のピーカンナッツをのせる。

A

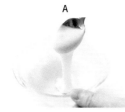

ホワイトチョコクリームをスプーンですくい、とろっとするくらいの硬さになるまで冷やす。

B

マフィンの中央からホワイトチョコクリームをかけ、円を描くように表面全体に広げる。

しっとり

黒糖バナナマフィン

材料（直径7cmのマフィン型6個分）

卵 … 1個

グラニュー糖 … 50g

植物油 … 50g

黒糖 … 20g

バナナ … 1本（正味100g）

牛乳 … 30g

a

| 薄力粉 … 120g

| ベーキングパウダー … 小さじ1

トッピング

| バナナ … 小1本

| 黒糖 … 5g

下準備

・型にマフィン用グラシン紙を敷く
（p.8参照）。

・オーブンを180℃に予熱する。

保存：常温で2日間

作り方

1　ボウルに卵を割り入れ、グラニュー糖を加えて泡立て器で1分ほど混ぜる。

2　植物油を3回に分けて加え、そのつどよく混ぜる。

3　黒糖を加えて混ぜる。

4　別のボウルに生地用のバナナを入れ、フォークで粗くつぶし（p.42参照）、3に加えて混ぜる。牛乳を加えて混ぜる。

5　aをふるい入れ、泡立て器で中心から混ぜ始める。徐々にボウル全体に広げて粉が見えなくなって、なめらかになるまで混ぜる。ゴムべらに持ち替え、底から返すように全体を数回混ぜる。

6　グラシン紙を敷いた型に8分目を目安に、スプーンで生地を等分にすくい入れる。5mm厚さにスライスしたトッピング用のバナナを3枚ずつのせ、上から黒糖をふる。180℃に予熱したオーブンで20分焼く。

7　焼き上がったらフォークなどを使ってマフィンを取り出し、ケーキクーラーにのせて粗熱をとる。

黒糖

黒糖は生地になじんで使いやすい粉末タイプを使用。独特の香りと甘味をプラス。

メープルココナッツマフィン

ココナッツファインの香ばしい香りとザクザクの食感が
しっとりとしたマフィンのよいアクセントに。メープルシロップとの相性も抜群です。

材料（直径7cmのマフィン型6個分）

卵 … 1個

a

　グラニュー糖 … 40g

　メープルシロップ … 30g

植物油 … 60g

b

　牛乳 … 40g

　メープルオイル … 少々

c

　薄力粉 … 120g

　ベーキングパウダー … 小さじ1

ココナッツファイン … 15g

トッピング

ココナッツファイン … 適量

下準備

・型にマフィン用グラシン紙を敷く（p.8参照）。
・オーブンを190℃に予熱する。

保存：常温で3日間

作り方

1　ボウルに卵を割り入れ、**a**を加えて泡立て器で1分ほど混ぜる。

2　植物油を3回に分けて加え、そのつどよく混ぜる。

3　**b**を加えてよく混ぜる。

4　**c**をふるい入れ、泡立て器で中心から混ぜ始める。徐々にボウル全体に広げて粉が残っている状態でココナッツファインを加える。ゴムべらに持ち替え、底から返すように全体を数回混ぜる。

5　グラシン紙を敷いた型に8分目を目安に、スプーンで生地を等分にすくい入れ、上からトッピングのココナッツファインをふる。190℃に予熱したオーブンで18分焼く。

6　焼き上がったらフォークなどを使ってマフィンを取り出し、ケーキクーラーにのせて粗熱をとる。

メープルオイル

メープルシロップの香りを再現したオイル。熱に強く、香りが残るので焼き菓子に最適。

ココナッツファイン

ココナッツを粗びきしたもの。焼き菓子に使うとザクザクとした食感を楽しめる。

しっとり 小豆ときな粉のマフィン

きな粉風味の生地とトッピングのゆで小豆がほっこりした味わい。
クセのないオイルの生地は和の具材ともよく合います。

材料 （直径7cmのマフィン型6個分）

卵 … 1個

きび砂糖 … 70g

植物油 … 50g

ヨーグルト … 50g

牛乳 … 60g

a

　薄力粉 … 100g

　きな粉 … 20g

　ベーキングパウダー … 小さじ1

トッピング

ゆで小豆 … 100g

下準備 ・型にマフィン用グラシン紙を敷く
　　　　　（p.8参照）。
　　　　・オーブンを180℃に予熱する。

保存：常温で3日間

作り方

1 ボウルに卵を割り入れ、きび砂糖を加えて泡立て器で1分ほど混ぜる。

2 植物油を3回に分けて加え、そのつどよく混ぜる。

3 ヨーグルトと牛乳を順に加え、そのつどよく混ぜる。

4 **a**をふるい入れ、泡立て器で中心から混ぜ始める。徐々にボウル全体に広げて粉が見えなくなって、なめらかになるまで混ぜる。ゴムべらに持ち替え、底から返すように全体を数回混ぜる。

5 グラシン紙を敷いた型に8分目を目安に、スプーンで生地を等分にすくい入れ、上からゆで小豆をのせる。180℃に予熱したオーブンで20分焼く。

6 焼き上がったらフォークなどを使ってマフィンを取り出し、ケーキクーラーにのせて粗熱をとる。

ゆで小豆
ゆで小豆は缶詰タイプが使いやすくて便利。煮汁が多い場合は汁を切ってのせること。

しっとり おからマフィン

ヘルシーな食材として注目のおからパウダーを使用。
薄力粉と合わせるから、おから初心者でも食べやすい味に。

材料 （直径7cmのマフィン型6個分）

卵 … 2個

a

　きび砂糖 … 50g

　メープルシロップ … 30g

植物油 … 60g

バニラオイル … 少々

ヨーグルト … 30g

牛乳 … 60g

おからパウダー（微粒）… 50g

b

　薄力粉 … 40g

　ベーキングパウダー … 小さじ1と1/3

下準備 ・型にマフィン用グラシン紙を敷く
　　　　　（p.8参照）。
　　　　・オーブンを180℃に予熱する。

保存：常温で2日間

作り方

1 ボウルに卵を割り入れ、**a**を加えて泡立て器で1分ほど混ぜる。

2 植物油を3回に分けて加え、そのつどよく混ぜる。

3 バニラオイル、ヨーグルト、牛乳を順に加え、そのつどよく混ぜる。

4 おからパウダーを加えてよく混ぜる。

5 **b**をふるい入れ、泡立て器で中心から混ぜ始める。徐々にボウル全体に広げて粉が見えなくなって、なめらかになるまで混ぜる。ゴムべらに持ち替え、底から返すように全体を数回混ぜる。

6 グラシン紙を敷いた型に8分目を目安に、スプーンで生地を等分にすくい入れ、180℃に予熱したオーブンで20分焼く。

7 焼き上がったらフォークなどを使ってマフィンを取り出し、ケーキクーラーにのせて粗熱をとる。

おからパウダー
おからを乾燥させてパウダー状にしたもの。微粒タイプはなじみやすくて使いやすい。

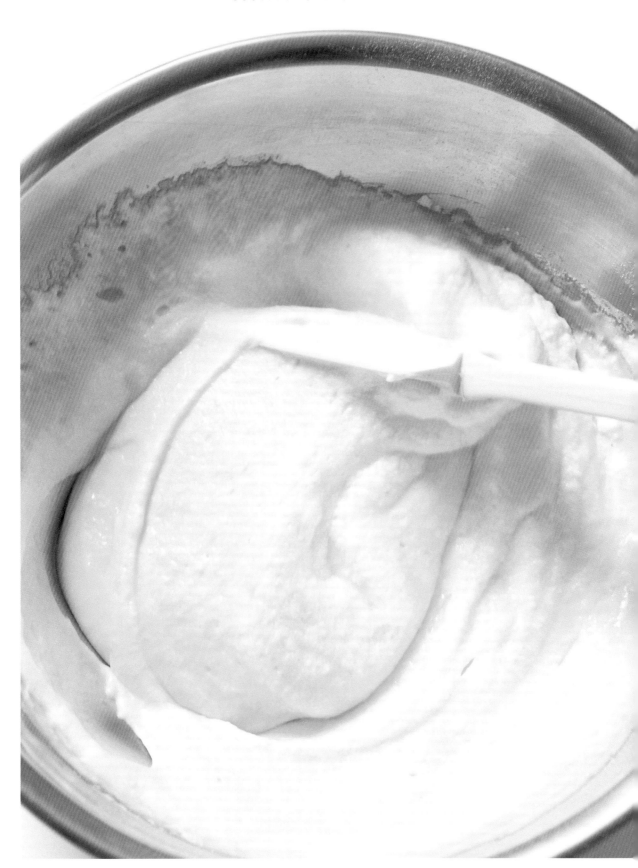

〈作り方 → p.34〉

ふんわり

スフレチーズマフィン

軽やかでふんわりとした口どけの
よい食感が魅力。チーズの酸味と
控えめな甘さで、ついもうひとつ
と手が伸びます。

スフレチーズマフィン

材料 （直径7cmのマフィン型6個分）

a
　クリームチーズ（p.48参照）… 100g
　グラニュー糖 … 20g
卵黄 … 1個分
植物油 … 20g
ヨーグルト … 20g
牛乳 … 20g
薄力粉 … 20g
メレンゲ
　卵白 … 1個分
　グラニュー糖 … 20g
トッピング
粉糖 … 適量

下準備

- クリームチーズを室温にもどす。
- 型にマフィン用グラシン紙を敷く(p.8参照)。
- オーブンを180℃に予熱する。

保存：冷蔵で2日間

〈マフィン型〉

直径7cm

作り方

1 ボウルにaを入れ、ゴムべらで底にこすりつけるようにしてダマがなくなるまで練り混ぜる。

2 クリーム状になったら、卵黄を加えて泡立て器で力を入れてしっかりと混ぜる。
◎ダマになりやすいので、力が入るように泡立て器を縦ににぎって混ぜる。

3 植物油を加えて混ぜる。

4 ヨーグルトを加え、かたまりがなくなるまで混ぜる。

5 牛乳を加え、なじんで見えなくなるまで混ぜる。

6 薄力粉をふるい入れ、粉が見えなくなって、なめらかになるまで混ぜる。

7 メレンゲを作る。別のボウルに
卵白と半量のグラニュー糖を入
れ、ハンドミキサーの中速で泡
立てる。泡立ってきたら残りの
グラニュー糖を加える。

8 さらに泡立て、メレンゲの状態
がやわらかく、角が立つくらい
になったら混ぜ終わり。
◎八分立てのホイップクリームくら
いの状態を目安に、硬いメレンゲに
ならないように注意。

9 6にメレンゲをひとすくい加え
る。

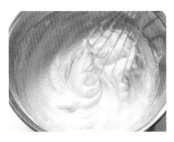

10 泡立て器で全体がなじむまで
さっくりと混ぜる。

11 残りのメレンゲを加え、ゴムベ
らに持ち替え、泡をつぶさない
ようにボウルを回しながら、底
から返すように混ぜる。

12 全体に混ざったらOK。混ぜす
ぎないように注意する。

13 グラシン紙を敷いた型に8分目
を目安に、スプーンで生地を
等分にすくい入れる。

14 ペーパータオルを敷いた天板に
のせ、50℃くらいの湯を1cmの
高さになるまで注ぐ。180℃に
予熱したオーブンで20分焼く。

15 焼き上がったら型に入れたまま
粗熱をとり、フォークなどを使
ってマフィンを取り出し、ケーキ
クーラーにのせる。完全に冷め
たら茶こしで粉糖をふる。

かぼちゃスフレマフィン

生のかぼちゃから作るペーストを加えた色鮮やかなふんわりマフィン。
トッピングのかぼちゃの種もアクセントになって、プレゼントにも喜ばれます。

材料（直径7cmのマフィン型6個分）

かぼちゃ（種を除く）… 100g
グラニュー糖 … 30g
卵黄 … 2個分
植物油 … 30g
牛乳 … 30g

a
　薄力粉 … 30g
　ベーキングパウダー … 小さじ1/4
　シナモンパウダー … 小さじ1/2

メレンゲ
　卵白 … 2個分
　グラニュー糖 … 30g

トッピング
かぼちゃの種（ロースト）… 24粒

下準備

・型にマフィン用グラシン紙を敷く（p.8参照）。
・オーブンを180℃に予熱する。

保存：常温で2日間

作り方

1 かぼちゃペーストを作る。皮つきのかぼちゃを洗って3cm角に切り、水分がついたまま耐熱皿にのせる。ラップをかけて電子レンジで2分加熱する。皮を除いてフォークでつぶし、60g分をボウルに取り分ける。

2 グラニュー糖を加えて泡立て器で混ぜ、なじんできたら卵黄を1個ずつ加えてそのつどよく混ぜる。

3 植物油を加えて混ぜ、牛乳を少しずつ加えてそのつどよく混ぜる。

4 **a**をふるい入れ、粉が見えなくなって、なめらかになるまで混ぜる。

5 メレンゲを作る。別のボウルに卵白と半量のグラニュー糖を入れ、ハンドミキサーの中速で泡立てる。泡立ってきたら残りのグラニュー糖を加える。さらに泡立て、しっかりとした角が立つくらいの硬さになったら混ぜ終わり。

6 4にメレンゲをひとすくい加え、泡立て器で全体がなじむまでさっくりと混ぜる。

7 残りのメレンゲを加え、ゴムべらに持ち替え、泡をつぶさないようにボウルを回しながら、底から返すように混ぜる。

8 グラシン紙を敷いた型に8分目を目安に、スプーンで生地を等分にすくい入れる。かぼちゃの種を4粒ずつのせる。180℃に予熱したオーブンで20分焼く。

9 焼き上がったらフォークなどを使ってマフィンを取り出し、ケーキクーラーにのせて粗熱をとる。

かぼちゃの種

香ばしさとクセのない味でナッツとしても人気。食感も楽しく、トッピングに最適。

レモンとベリーのスフレマフィン

ふんわり膨らんだ生地に赤いラズベリーがキュートなマフィン。
生のラズベリーが手に入らない場合は冷凍でもOKです。

材料（直径7cmのマフィン型6個分）

a

| 卵黄 … 2個分
| グラニュー糖 … 30g

植物油 … 20g

水 … 15g

レモン汁 … 5g

レモンの皮のすりおろし … 1/2個分

b

| 薄力粉 … 40g
| ベーキングパウダー … 小さじ1/4

保存：常温で翌日まで

メレンゲ

| 卵白 … 2個分
| グラニュー糖 … 20g

ラズベリー（あれば生）… 30粒

トッピング

粉糖 … 適量

下準備 ・型にマフィン用グラシン紙を敷く
　　　　　（p.8参照）。
　　　　・オーブンを170℃に予熱する。

作り方

1　**a**をボウルに入れて泡立て器でよく混ぜる。

2　植物油、水、レモン汁、レモンの皮のすりおろし（写真**A**）を順に加え、その
　　つどよく混ぜる。

3　**b**をふるい入れ、粉が見えなくなって、なめらかになるまで混ぜる。

4　メレンゲを作る。別のボウルに卵白と半量のグラニュー糖を入れ、ハンドミキ
　　サーの中速で泡立てる。泡立ってきたら残りのグラニュー糖を加えて泡立てる。
　　しっかりとした角が立つくらいの硬さになったら混ぜ終わり。

5　3にメレンゲをひとすくい加え、泡立て器で全体がなじむまでさっくりと混ぜる。

6　残りのメレンゲを加え、ゴムべらに持ち替え、泡をつぶさないようにボウルを
　　回しながら、底から返すように混ぜる。

7　グラシン紙を敷いた型に半分を目安に、スプーンで生地をすくい入れ、ラズベ
　　リーを2〜3粒ずつ散らす。残りの生地を等分にすくい入れ、さらにラズベリ
　　ーを2〜3粒ずつのせて軽く押し込む。170℃に予熱したオーブンで20分焼く。

8　焼き上がったらフォークなどを使ってマフィンを取り出し、ケーキクーラーにの
　　せて粗熱をとる。冷めたら茶こしで粉糖をふる。

A

レモンのわたの部分は
苦みが出るので、黄色
い皮の部分をおろし金
ですりおろす。

パウンドケーキ

存在感のあるパウンドケーキはプレゼントにも最適。ひとつの型でバナナブレッドのようなパン代わりに食べられる生地も、しっとりと濃厚なバスクチーズケーキも焼ける奥深さが魅力です。型にぴったりとオーブンシートを敷くのがきれいに焼き上げるポイントです。

バナナブレッド

熟したバナナの自然な甘味が
感じられるケーキ。
おやつにも朝食にもなる、
誰からも愛される人気スイーツのひとつです。

〈作り方 → p.42〉

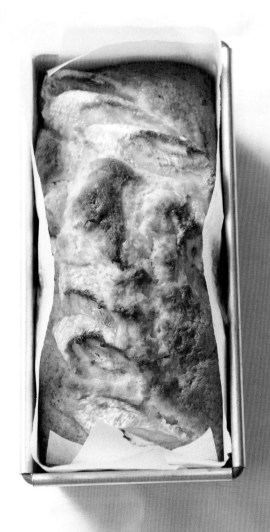

バナナブレッド

材料（18×8×6.5cmのパウンド型1台分）

バナナ … 1と1/2本（正味140〜150g）
卵 … 1個
グラニュー糖 … 60g
植物油 … 60g
a
薄力粉 … 120g
ベーキングパウダー … 小さじ1
塩 … ひとつまみ
トッピング
バナナ … 1/2本

下準備

・型にオーブンシートを敷く（p.8「切り込みあり」参照）。
・オーブンを180℃に予熱する。

保存：常温で2日間

〈パウンド型〉

18cm

6.5cm

— 8cm —

作り方

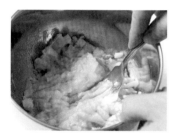

1 ボウルに生地用のバナナを入れ、フォークで粗くつぶす。

2 別のボウルに卵を割り入れ、グラニュー糖を加える。

3 泡立て器で1分ほど混ぜる。

4 植物油を3回に分けて加え、そのつどよく混ぜる。

5 つぶしたバナナを加えて、全体に混ぜ合わせる。

6 aをふるい入れる。

7 ゴムべらに持ち替え、ボウルを
回しながら、底から返すように
全体を混ぜる。粉が見えなく
なって全体が混ざればOK。
◎練らないようにゴムべらを使い、
さっくり混ぜる。

8 オーブンシートを敷いた型に生
地を流し入れる。

9 トッピング用のバナナを斜め
に薄くスライスしてずらして並
べ、カードですくう。

10 バナナを生地の中央にのせる。

11 180℃に予熱したオーブンで35
分焼く。

12 焼き上がったらオーブンシート
ごと型から取り出し、ケーキク
ーラーにのせて粗熱をとる。

黒糖アールグレイケーキ

アールグレイミルクティーの紅茶液が全体になじんで、香り豊かな生地に。
紅茶の爽やかさとこっくりとした甘味の黒糖がよいバランスです。

材料 （18×8×6.5cmのパウンド型1台分）

紅茶液

アールグレイティー（ティーバッグ）… 2袋
水 … 70g
牛乳 … 30g
黒糖 … 50g
卵 … 1個
グラニュー糖 … 30g
植物油 … 70g

a

薄力粉 … 110g
ベーキングパウダー … 小さじ1

下準備

・型にオーブンシートを敷く
　（p.8「切り込みあり」参照）。
・オーブンを180℃に予熱する。

保存：常温で3日間

作り方

1 紅茶液を作る。耐熱容器にティーバッグと水を入れ、電子レンジで1分30秒加熱する。牛乳を加えてさらに1分加熱してラップなどで覆って5分蒸らす（写真A）。ティーバッグをスプーンでギュッと押さえて取り出す。黒糖を加えて溶かす。

2 ボウルに卵を割り入れ、グラニュー糖を加える。泡立て器で1分ほど混ぜる。

3 植物油を3回に分けて加え、そのつどよく混ぜる。

4 冷ました1を加え、全体に混ぜ合わせる。

5 aをふるい入れ、泡立て器でぐるぐると混ぜる。粉が見えなくなって全体が混ざればOK。

6 オーブンシートを敷いた型に生地を流し入れる。180℃に予熱したオーブンで30分焼く。

7 焼き上がったらオーブンシートごと型から取り出し、ケーキクーラーにのせて粗熱をとる。

A

ラップをして蒸らすことで、ゆっくりと紅茶成分が抽出されて濃い紅茶液になる。

WEEKEND CITRON

ウィークエンドシトロン

フランスの家庭菓子であるウィークエンドシトロンはバターケーキが基本ですが、
オイルでより軽やかにレモンの酸味を感じられる仕上がりに。

材料 （18×8×6.5cmのパウンド型1台分）

卵 … 2個
グラニュー糖 … 80g
植物油 … 80g
ヨーグルト … 50g
牛乳 … 20g
レモン汁 … 小さじ1
レモンの皮のすりおろし（p.38参照）… 1個分
a
  薄力粉 … 130g
  ベーキングパウダー … 小さじ1
アイシング
  粉糖 … 60g
  レモン汁 … 10g
トッピング
レモンの皮の細切り … 適量

下準備

・型にオーブンシートを敷く
  （p.8「切り込みあり」参照）。
・オーブンを180℃に予熱する。

保存：常温で3日間

作り方

1 ボウルに卵を割り入れ、グラニュー糖を加える。泡立て器で1分ほど混ぜる。
2 植物油を3回に分けて加え、そのつどよく混ぜる。
3 ヨーグルト、牛乳、レモン汁、レモンの皮のすりおろしを順に加え、そのつどよく混ぜる。
4 **a**をふるい入れ、泡立て器で中心から混ぜ始める。徐々にボウル全体に広げて粉が見えなくなって、なめらかになるまで混ぜる。ゴムべらに持ち替え、ボウルを回しながら、底から返すように全体を数回混ぜる。
5 オーブンシートを敷いた型に生地を流し入れる。180℃に予熱したオーブンで30分焼く。
6 焼き上がったらオーブンシートごと型から取り出し、ケーキクーラーにのせて粗熱をとる。
7 ケーキの膨らんだ部分を切り落とし（写真**A**）、カットした面を下にしてオーブンシートの上に置く。
8 アイシングの材料をボウルに入れて混ぜ（p.73参照）、ケーキの上面に流しかける。ゴムべらで全体に広げ、210℃のオーブンで2分焼いてアイシングを乾かす（写真**B**）。レモンの皮の細切り（写真**C**）を散らす。

A

ケーキを四角い形に整えるため、平らになる位置で膨らんだ部分を切り落とす。

B

アイシングを上面に塗り、オーブンで焼いて乾かしたところ。

C

あればレモンスクレーパーを使って皮を削り、ない場合は薄く皮をむいて細切りにする。

バスクチーズケーキ

スペインのバスク地方のレストランが発祥の濃厚なチーズケーキ。
材料を混ぜて焼くだけの簡単さと、高温で長時間焼いた独特の焼き色が特徴です。

材料（18×8×6.5cmのパウンド型1台分）

クリームチーズ … 200g
グラニュー糖 … 70g
卵 … 3個
植物油 … 大さじ1
生クリーム … 200ml

下準備

・クリームチーズを室温にもどす。
・型にオーブンシートを敷く
　（p.8「切り込みなし」参照）。
・オーブンを230℃に予熱する。

保存：冷蔵で3日間

クリームチーズ

きめが細かくなめらか
なチーズ。きちんとや
わらかくして使うとダ
マになりにくい。

作り方

1　ボウルにクリームチーズとグラニュー糖を入れ、ゴ
　　ムべらでクリーム状になるまで練り混ぜる。
2　別のボウルに卵を割り入れて溶きほぐし、1に5〜6
　　回に分けて加え、そのつど泡立て器でよく混ぜる。
3　植物油を加えてよく混ぜる。
4　生クリームを3回に分けて加え、そのつどよく混ぜ
　　る。そのまま室温に5〜10分おいて生地をねかせ、
　　焼いたときに極端に膨らむのを防ぐ。
5　オーブンシートを敷いた型に生地を流し入れる。
6　230℃に予熱したオーブンで35〜40分焼く。
7　焼き上がったら型ごとケーキクーラーにのせて冷ま
　　す。
8　オーブンシートごと取り出し、型の内側とシートに
　　ついた水分をペーパータオルなどでふき取り、型に
　　戻し入れて冷蔵庫で2時間以上冷やす。

ガトーショコラ

チョコレートの脂肪分で泡がつぶされないように、しっかりとしたメレンゲを作るのが
軽やかでしっとりとした食感の決め手。冷やして食べてもおいしい!

材料（18×8×6.5cmのパウンド型1台分）

チョコレート（スイート）… 70g

植物油 … 40g

卵黄 … 2個分

a

　薄力粉 … 25g

　ベーキングパウダー … 小さじ1/4

メレンゲ

　卵白 … 2個分

　グラニュー糖 … 30g

トッピング

ココアパウダー（砂糖不使用）… 適量

下準備

・ 型にオーブンシートを敷く（p.8「切り込みあり」参照）。

・ オーブンを160℃に予熱する。

保存：常温で2日間

A

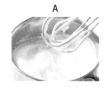

チョコレートの脂肪分
に負けないようにピン
と角が立つくらいのし
っかりとしたメレンゲ
を作るのがコツ。

作り方

1 チョコレートを刻んでボウルに入れ、湯せんにかけて溶かす。

2 植物油を加え、泡立て器で混ぜる。

3 卵黄を1個ずつ加え、そのつどよく混ぜる。

4 aをふるい入れ、泡立て器で全体を混ぜる。粉が見えなくなって全体が混ざればOK。

5 メレンゲを作る。別のボウルに卵白と半量のグラニュー糖を入れ、ハンドミキサーの中速で泡立てる。泡立ってきたら残りのグラニュー糖を加える。

6 さらに泡立て、しっかりと角が立つくらいのメレンゲ（写真A）になったら混ぜ終わり。

7 4にメレンゲを3回に分けて加え、そのつどゴムべらで混ぜる。

8 オーブンシートを敷いた型に生地を流し入れる。160℃に予熱したオーブンで30分焼く。

9 焼き上がったら型ごと10cmくらいの高さから落として焼き縮みを防ぐ。ケーキクーラーにのせて粗熱をとる。

10 オーブンシートごと型から取り出し、冷めたらトッピングのココアパウダーを茶こしでふる。

アップルケーキ

キャラメルソテーしたりんごが甘くてすっぱいフルーティーなケーキ。りんごは皮の色がきれいに出る紅玉がおすすめです。

材料 （18×8×6.5cmのパウンド型1台分）

りんごのキャラメルソテー

りんご（紅玉）… 1個（正味200g）

レモン汁 … 小さじ2

グラニュー糖 … 40g

水 … 大さじ1

卵 … 1個

グラニュー糖 … 60g

植物油 … 60g

ヨーグルト … 50g

ラム酒 … 小さじ1

a

薄力粉 … 100g

アーモンドパウダー … 20g

ベーキングパウダー … 小さじ1

下準備

- 型にオーブンシートを敷く
  （p.8「切り込みあり」参照）。
- オーブンを180℃に予熱する。

保存：常温で2日間

作り方

1 りんごのキャラメルソテーを作る。りんごを切ってレモン汁をからめる（写真**A**）。フライパンにグラニュー糖と水を加えて中火にかけて煮詰め、いったん火を止める。りんごを加えて（写真**B**）キャラメルをからめながら再び5分ほど炒め煮にし、バットにあけて冷ます（写真**C**）。

2 ボウルに卵を割り入れ、グラニュー糖を加える。泡立て器で1分ほど混ぜる。

3 植物油を3回に分けて加え、そのつどよく混ぜる。

4 ヨーグルトとラム酒を順に加え、そのつどよく混ぜる。

5 aをふるい入れ泡立て器で中心から混ぜ始める。徐々にボウル全体に広げて粉が見えなくなって、なめらかになるまで混ぜる。ゴムべらに持ち替え、ボウルを回しながら、底から返すように全体を数回混ぜる。

6 オーブンシートを敷いた型に半量の生地を流し入れ、半量の1を並べる。残りの生地を流し入れ、残りの1を表面に並べる。180℃に予熱したオーブンで35分焼く。

7 焼き上がったらオーブンシートごと型から取り出し、ケーキクーラーにのせて粗熱をとる。

A	B	C

りんごは芯を取り除いて皮つきのまま1.5cm厚さのくし形切りにし、レモン汁をからめる。	グラニュー糖と水を黄色く煙が出るまで加熱し、いったん火を止めてりんごを加える。	りんごは完全に火が通らなくてOK。オーブンシートの上に重ならないように並べる。

くるみのパウンドケーキ

粗く刻んで生地に混ぜたくるみの食感がアクセントになっています。
ナッツと相性のよいはちみつを加えて風味豊かに。

材料（18×8×6.5cmのパウンド型1台分）

卵 … 2個

きび砂糖 … 80g

はちみつ … 20g

植物油 … 80g

ヨーグルト … 40g

牛乳 … 40g

a

　薄力粉 … 120g

　ベーキングパウダー … 小さじ1

くるみ（ロースト）… 40g

トッピング

くるみ（ロースト）… 10g

下準備　・生地用のくるみを粗く刻む。
　　　　　・型にオーブンシートを敷く
　　　　　　（p.8「切り込みあり」参照）。
　　　　　・オーブンを180℃に予熱する。

保存：常温で3日間

作り方

1　ボウルに卵を割り入れ、きび砂糖とはちみつを加える。泡立て器で1分ほど混ぜる。

2　植物油を3回に分けて加え、そのつどよく混ぜる。

3　ヨーグルトと牛乳を順に加え、そのつどよく混ぜる。

4　aをふるい入れ、泡立て器で中心から混ぜ始める。徐々にボウル全体に広げて粉が見えなくなって、なめらかになるまで混ぜる。粉が残っている状態で刻んだくるみを加え、ゴムべらに持ち替えて混ぜる。粉が見えなくなって全体が混ざればOK。

5　オーブンシートを敷いた型に生地を流し入れ、トッピング用のくるみを手で割って散らす。180℃に予熱したオーブンで35分焼く。

6　焼き上がったらオーブンシートごと型から取り出し、ケーキクーラーにのせて粗熱をとる。

抹茶パウンドケーキ

カットすると登場する鮮やかな緑の生地は抹茶ならでは。
抹茶はグラニュー糖と混ぜておくと溶けやすくなり、きれいな色に仕上がります。

材料 (18×8×6.5cmのパウンド型1台分)

グラニュー糖 … 80g
抹茶 … 10g
卵 … 2個
植物油 … 80g
ヨーグルト … 40g
牛乳 … 35g
a
⎜ 薄力粉 … 120g
⎜ ベーキングパウダー … 小さじ1
トッピング
抹茶 … 適量

下準備

・型にオーブンシートを敷く
　（p.8「切り込みあり」参照）。
・オーブンを180℃に予熱する。

保存：常温で3日間

作り方

1　グラニュー糖と抹茶をボウルに入れて泡立て器で混ぜる。
2　卵を1個ずつ加え、そのつどよく混ぜる。
3　植物油を3回に分けて加え、そのつどよく混ぜる。
4　ヨーグルトと牛乳を順に加えてそのつどよく混ぜる。
5　aをふるい入れる。ゴムべらに持ち替え、ボウルを回しながら、底から返すように全体を混ぜる。粉が見えなくなって全体が混ざればOK。
6　オーブンシートを敷いた型に生地を流し入れる。180℃に予熱したオーブンで35分焼く。
7　焼き上がったらオーブンシートごと型から取り出し、ケーキクーラーにのせて粗熱をとる。冷めたらトッピング用の抹茶を茶こしでふる。

マロンケーキ

丸ごと入れた栗の渋皮煮がなんとも贅沢なケーキ。
生地にマロンペーストを加えてあるから、どこを食べても栗の味を満喫できます。

材料（18×8×6.5cmのパウンド型1台分）

マロンペースト … 100g
グラニュー糖 … 60g
牛乳 … 50g
ラム酒 … 小さじ1
卵 … 2個
植物油 … 80g
a
　薄力粉 … 90g
　ベーキングパウダー … 小さじ1/2
栗の渋皮煮 … 5〜6個

下準備

• 型にオーブンシートを敷く
　（p.8「切り込みあり」参照）。
• オーブンを180℃に予熱する。

保存：常温で3日間

作り方

1　ボウルにマロンペーストを入れ、ゴムべらで底にすりつけるように練ってダマをなくす。なめらかになったらグラニュー糖を加えて混ぜる。
2　牛乳を耐熱容器に入れ、電子レンジで30秒加熱して温め、少しずつ加えてそのつどよく混ぜる（写真A）。
3　ラム酒を加えて混ぜ、泡立て器に持ち替えて卵を1個ずつ加えてそのつどよく混ぜる。
4　植物油を3回に分けて加え、そのつどよく混ぜる。
5　aをふるい入れ、泡立て器で中心から混ぜ始める。徐々にボウル全体に広げて粉が見えなくなって、なめらかになるまで混ぜる。ゴムべらに持ち替え、ボウルを回しながら、底から返すように全体を数回混ぜる。
6　オーブンシートを敷いた型に生地を流し入れ、栗の渋皮煮を中央に並べる。栗の重さで自然と生地の中に栗が隠れる。180℃に予熱したオーブンで30分焼く。
7　焼き上がったらオーブンシートごと型から取り出し、ケーキクーラーにのせて粗熱をとる。

マロンペースト
ほどよい甘さでモンブランクリームとしても人気のフランス産のペースト。

栗の渋皮煮
贅沢気分を味わえる、ごろんと大粒で食べ応えのある渋皮つきの栗の甘煮。

A

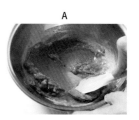

マロンペーストをゴムべらでボウルの底にすりつけ、牛乳が完全に混ざるまでくり返す。

Part 4

COOKIE

クッキー

人気の味を集めたら、アイスボックスや
ドロップ、型抜きなど、一つひとつ成形
や食感の異なるクッキーが勢ぞろい。手
軽に作れるショートブレッドやサブレか
ら作りがいのあるフロランタンまで、ど
んどんチャレンジしたくなるラインナッ
プです。

RECOMMEND

ハワイアン
ショートブレッド

ハワイで人気のショートブレッ
ドをオイルで作ったら？と生ま
れたレシピ。食感にこだわった
プレーン＆チョコの2種類です。

〈作り方 → p.60〉

ハワイアンショートブレッド

材料 (6.5×2.5cmのスティック16本分)

a
薄力粉 … 150g
グラニュー糖 … 40g
ベーキングパウダー … 小さじ1/4
塩 … ひとつまみ

b
植物油 … 60g
牛乳 … 20g
バニラオイル … 少々

トッピング
チョコレート（スイートまたはミルク）… 140g

下準備 ・オーブンを160℃に予熱する。

保存：常温で7日間
　　　チョコレートをかけた場合は冷蔵保存

作り方

1　aをボウルにふるい入れ、カードで中央に穴をあける。

2　粉の穴にbを加える。

3　穴に加えた液体部分をとろりとするまで泡立て器でよく混ぜる。

4　カードで粉を液体部分にかぶせるようにして混ぜる。

5　半分くらい混ざったら、切りながら混ぜる。

6　粉っぽさがなくなったら、ボウルの底にすりつけてさらに混ぜる。

7 全体に混ざったら切って重ね、これを2〜3回くり返してまとめる。
◎生地をこねて粘りを出さないように、全体をまとめる。

8 オーブンシートを天板の大きさにカットし、4辺を折って22×12cmの四角に折り目をつける。

9 開いたオーブンシートに生地をのせ、めん棒で折り目に収まるように長方形にのばす。

10 オーブンシートの折り目に沿って生地を包むように4辺を折る。

11 折り目が下になるように置き、中央から角に向かって生地を送り込み、きれいな長方形になるように整える。
◎オーブンシートに包むと簡単にきれいな四角にのばすことができる。

12 再びオーブンシートを開き、上下半分にカットし、さらに8等分にして16本のスティック状に切り分ける。

13 オーブンシートごと天板にのせ、間隔をあけて並べなおす。160℃に予熱したオーブンで25分焼く。

14 焼き上がったらケーキクーラーにのせて粗熱をとる。

15 8枚はチョコレートをかける。湯せんで溶かしたチョコレートにショートブレッドの対角線に沿って半分浸し、オーブンシートにのせる。冷蔵庫で10分以上冷やし固める。

黒ごまフロランタン

厚めのクッキー生地にキャラメルをまとったアーモンドと黒ごまが香ばしい
フロランタン。一切れでも満足感のあるクッキーです。

材料 （20×16×3cmのバット1個分）

クッキー生地

a

薄力粉 … 100g
アーモンドパウダー … 15g
粉糖 … 30g
ベーキングパウダー … ひとつまみ

b

植物油 … 40g
牛乳 … 20g

キャラメル生地

c

グラニュー糖 … 50g
はちみつ … 50g
水 … 50g
生クリーム … 50g
スライスアーモンド … 30g
黒いりごま … 15g

下準備

・バットにオーブンシートを敷く。
・オーブンを190℃に予熱する。

保存：常温で7日間

作り方

1 クッキー生地を作る。a をボウルにふるい入れ、カード
で中央に穴をあける。穴の部分に b を加え、液体部分を
とろりとするまで泡立て器でよく混ぜる。

2 カードで粉を液体部分にかぶせるようにして混ぜる。半
分くらい混ざったら、切りながら混ぜる。粉っぽさがなく
なったら、ボウルの底にすりつけて混ぜる。

3 全体に混ざったら、切って重ね、これを2〜3回くり返し
てまとめる。

4 バットに入れて平らにならし（写真A）、オーブンシートご
と取り出してフォークで穴をあける。オーブンシートごと
天板にのせて190℃に予熱したオーブンで20分、焼き色
がつくまで焼く。ケーキクーラーにのせ、触れるくらい
の熱さになったらバットの底の大きさに合わせて4辺を
切り落とす（写真B）。

5 キャラメル生地を作る。鍋にc を入れて中火にかけ、沸騰
してから3分、半量になるまで煮詰める。

6 煮詰まったら火を止め、生クリームを加える。弱火で1
分とろりとするまで煮詰める（写真C）。火を止めてスライ
スアーモンドと黒いりごまを加えてゴムべらで混ぜる。

7 クッキー生地をオーブンシートごとバットに戻し入れ、上
からキャラメル生地を流し入れる。ゴムべらで平らにな
らす。180℃に予熱したオーブンで15〜20分焼く。

8 焼き上がったらオーブンシートごと取り出し、ケーキクー
ラーにのせて粗熱をとり、温かいうちに好みのサイズに
カットする。

A	B	C

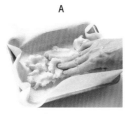

生地をちぎってバットに入れ、
同じ厚さになるように指で押し
て平らにならす。

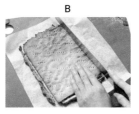

冷めると硬くなって切りにくく、
割れやすくなるため冷めないう
ちにカットする。

こげないように泡立て器でか
き混ぜながら、とろりとするま
で煮詰める。

塩バニラクッキー

アーモンドパウダーのコクと粉糖の軽い食感が後を引く、
塩味がアクセントになったバニラ風味のクッキー。シンプルな材料で作れるのも魅力です。

材料 （直径7cmの菊形10枚分）

a

薄力粉 … 110g

アーモンドパウダー … 10g

粉糖 … 35g

ベーキングパウダー … ひとつまみ

塩 … 小さじ1/5

b

植物油 … 40g

牛乳 … 20g

バニラオイル … 少々

下準備

・天板にオーブンシートを敷く。

・オーブンを170℃に予熱する。

保存：常温で7日間

作り方

1　**a** をボウルにふるい入れ、カードで中央に穴をあける。穴の部分に **b** を加え、液体部分をとろりとするまで泡立て器でよく混ぜる。

2　カードで粉を液体部分にかぶせるようにして混ぜる。半分くらい混ざったら切りながら混ぜる。粉っぽさがなくなったら、ボウルの底にすりつけてさらに混ぜる。

3　全体に混ざったら、切って重ね、これを2〜3回くり返してまとめる。

4　オーブンシートの上にのせ、ラップをかぶせてめん棒で5mm厚さにのばす（写真 **A**）。

5　菊型で抜く（写真 **B**）。天板に間隔をあけて並べ、残りの生地をまとめて同様にのばし、型で抜いて一緒に並べる。

6　170℃に予熱したオーブンで15分焼き、焼き上がったらケーキクーラーにのせて粗熱をとる。

オーブンシートとラップを使うと、打ち粉を使わずに生地をのばすことができる。

菊型に薄力粉（分量外）をつけると、生地がくっつかずにきれいに型抜きができる。

64

マカダミアチョコボール

チョコとナッツのハーモニーが楽しめるか
わいいクッキー。サクサク生地の中にマ
カダミアナッツが丸ごと入っています。

〈作り方 → p.68〉

ココナッツサブレ

生地を平らにのばして四角く切り分ける、
型のいらないクッキー。ココナッツファイ
ンを加えてサクッとした食感に。

〈作り方 → p.69〉

マカダミアチョコボール

材料（直径3cmのボール形18個分）

a

薄力粉 … 90g
ココアパウダー（砂糖不使用）… 10g
グラニュー糖 … 25g
ベーキングパウダー … ひとつまみ
塩 … ひとつまみ

b

植物油 … 40g
牛乳 … 15g
バニラオイル … 少々

マカダミアナッツ（ロースト）… 18個

トッピング

粉糖 … 適量

下準備

・天板にオーブンシートを敷く。
・オーブンを160℃に予熱する。

保存：常温で7日間

作り方

1 aをボウルにふるい入れ、カードで中央に穴をあける。穴の部分にbを加え、液体部分をとろりとするまで泡立て器でよく混ぜる。

2 カードで粉を液体部分にかぶせるようにして混ぜる。半分くらい混ざったら、切りながら混ぜる。粉っぽさがなくなったら、ボウルの底にすりつけてさらに混ぜる。

3 全体に混ざったら、切って重ね、これを2〜3回くり返してまとめる。

4 18等分にちぎってオーブンシートの上に並べ、マカダミアナッツをくるんで丸める（写真A）。

5 160℃に予熱したオーブンで20分焼き、焼き上がったらケーキクーラーにのせて粗熱をとる。

6 粉糖を茶こしでふる。

A

生地を指でつぶし、中央にマカダミアナッツを1個入れ、周りの生地でくるんで丸める。

ココナッツサブレ

材料（5cm角の四角形16枚分）

a

　薄力粉 … 100g

　きび砂糖 … 30g

　ベーキングパウダー … 小さじ1/4

b

　植物油 … 30g

　牛乳 … 30g

ココナッツファイン（p.28参照）… 20g

下準備

・オーブンを170℃に予熱する。

保存：常温で7日間

作り方

1　aをボウルにふるい入れ、カードで中央に穴をあける。穴の部分に**b**を加え、液体部分をとろりとするまで泡立て器でよく混ぜる。

2　カードで粉を液体部分にかぶせるようにして混ぜる。半分くらい混ざったらココナッツファインを加えて切りながら混ぜる。粉っぽさがなくなったら、ボウルの底にすりつけてさらに混ぜる。

3　全体に混ざったら、切って重ね、これを2〜3回くり返してまとめる。

4　オーブンシートを天板の大きさにカットし、4辺を折って20cm角の正方形になるよう折り目をつける。

5　開いたオーブンシートに生地をのせ、ラップをかけてめん棒でのばす（写真**A**）。

6　オーブンシートの折り目に沿って、生地を包むように4辺を折る。折り目が下になるように置き、めん棒で形を整える（写真**B**）。

7　再びオーブンシートを開き、16等分に切れ目を入れて（写真**C**）一切れずつフォークで穴をあける。

8　切り離さずにオーブンシートごと天板にのせ、170℃に予熱したオーブンで18分焼く。焼き上がったらケーキクーラーにのせて粗熱をとり、くっついている部分を手で割って離す。

A	B	C
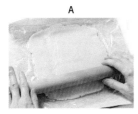	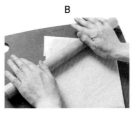	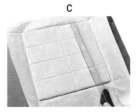
折り目を目安に、均一の厚さになるように、中央から外側に向けてのばす。	角に向かってめん棒で生地を送り込み、きれいな正方形に整える。	横に4等分の切れ目を入れ、さらに縦に4等分の切れ目を入れて16等分に切る。

シナモンラズベリークッキー

ひと口サイズの愛らしいジャム入りクッキーは、誰からも好かれる人気の味。
箱に詰めてプレゼントしても喜ばれそうです。

材料（直径4cmの円形20個分）

a

| 薄力粉 … 120g
| アーモンドパウダー … 30g
| 粉糖 … 40g
| ベーキングパウダー … ひとつまみ
| シナモンパウダー … 小さじ1/2
| 塩 … ひとつまみ

b

| 植物油 … 50g
| 卵黄 … 1個分
| 牛乳 … 20g

ラズベリージャム … 20g

下準備

・天板にオーブンシートを敷く。
・オーブンを170℃に予熱する。

保存：常温で5日間

作り方

1 　aをボウルにふるい入れ、カードで中央に穴をあける。穴の部分にbを加え、液体部分をとろりとするまで泡立て器でよく混ぜる。

2 　カードで粉を液体部分にかぶせるようにして混ぜる。半分くらい混ざったら、切りながら混ぜる。粉っぽさがなくなったら、ボウルの底にすりつけてさらに混ぜる。

3 　全体に混ざったら、切って重ね、これを2〜3回くり返してまとめる。

4 　20等分にちぎってオーブンシートの上に並べ、ひとつずつ丸める。中央にくぼみを作り（写真A）、ラズベリージャムをスプーンですくい入れる（写真B）。

5 　170℃に予熱したオーブンで18分焼き、焼き上がったらケーキクーラーにのせて粗熱をとる。

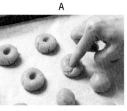

A

丸めた生地の中央を指で押してくぼみを作る。生地の半分くらいの深さを目安にする。

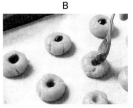

B

ジャムは焼いたときに沸騰してあふれ出ることがあるので、入れすぎに注意する。

レモンクッキー

レモン風味のクッキー生地と甘酸っぱいアイシングがよく合います。
1枚でも満足感があるから、コーヒーブレイクにもおすすめです。

材料（直径6cmの丸形10枚分）

a
- 薄力粉 … 100g
- グラニュー糖 … 30g

b
- 植物油 … 35g
- 牛乳 … 10g
- レモン汁 … 5g
- レモンの皮のすりおろし（p.38参照）
  … 1/2個分

アイシング
- 粉糖 … 60g
- レモン汁 … 10g

下準備
- 天板にオーブンシートを敷く。
- オーブンを160℃に予熱する。

保存：常温で7日間

作り方

1. **a**をボウルにふるい入れ、カードで中央に穴をあける。穴の部分に**b**を加え、液体部分をとろりとするまで泡立て器でよく混ぜる。

2. カードで粉を液体部分にかぶせるようにして混ぜる。半分くらい混ざったら、切りながら混ぜる。粉っぽさがなくなったら、ボウルの底にすりつけてさらに混ぜる。

3. 全体に混ざったら、切って重ね、これを2〜3回くり返してまとめる。

4. オーブンシートの上に3をのせ、ラップをかぶせてめん棒で5mm厚さにのばす。

5. 薄力粉（分量外）をつけた丸型で抜く。天板に間隔をあけて並べ、残りの生地をまとめて同様にのばし、型で抜いて一緒に並べる。

6. 160℃に予熱したオーブンで17分焼き、焼き上がったらケーキクーラーにのせて粗熱をとる。

7. アイシングを作り（写真**A**）、粗熱のとれたクッキーの表面に塗って（写真**B**）オーブンシートの上で乾かす。

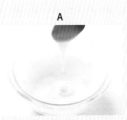

アイシングの材料をボウルに入れてとろりと垂れる状態を目安にスプーンでよく混ぜる。

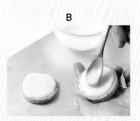

中央にアイシングをのせ、スプーンの背で全体に広げる。端まで塗ると垂れるので注意。

アーモンドチュイル

フランス語で「瓦」という意味の薄いクッキー生地が特徴です。
焼き上がりにカーブをつける工程で本格的な仕上がりに。

材料（長径8cmの楕円形20枚分）

a

　グラニュー糖 … 100g

　薄力粉 … 25g

卵白 … 65g

植物油 … 5g

スライスアーモンド … 100g

下準備

・天板にオーブンシートを敷く。

・オーブンを160℃に予熱する。

保存：常温で7日間

作り方

1　ボウルに a を入れて泡立て器でよく混ぜる。

2　卵白を3回に分けて加え、そのつどよく混ぜる。

3　植物油を加えてよく混ぜ、冷蔵庫に最低30分、できれば一晩入れて生地をねかせる。

4　スライスアーモンドを加え、ゴムべらで混ぜる。

5　オーブンシートの上に間隔をあけて等分に4をすくい流す。フォークで広げて（写真A）、160℃に予熱したオーブンで15〜17分焼く。

6　焼き上がったら軍手をつけて熱いうちにオーブンシートからはがし、めん棒などにのせて数秒押さえてカーブをつける（写真B）。ケーキクーラーにのせて粗熱をとる。

A
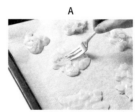
長径7〜8cmの楕円にのばせるように間隔をあけて並べ、フォークで薄く広げる。

B
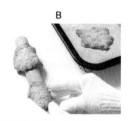
やけどに注意しながら、熱いうちにめん棒などにのせて、カーブをつける。

ラムレーズンクッキー

ラム酒を含ませたレーズンはふっくらとやわらかく、
ドロップタイプの生地とよくなじみます。

材料 （直径6cmの円形12枚分）

a

薄力粉 … 100g

きび砂糖 … 25g

ベーキングパウダー … 小さじ1/4

塩 … ひとつまみ

b

植物油 … 30g

メープルシロップ … 20g

牛乳 … 30g

c

レーズン … 60g

ラム酒 … 大さじ1

ココナッツファイン（P.28参照） … 15g

下準備

・cを容器に入れて10分ほど浸す。
・天板にオーブンシートを敷く。
・オーブンを170℃に予熱する。

保存：常温で7日間

作り方

1 aをボウルにふるい入れ、カードで中央に穴をあける。穴の部分にbを加え、液体部分をとろりとするまで泡立て器でよく混ぜる。

2 cを液体部分に漬け汁ごと加え、bとよく混ぜる。

3 カードで粉を液体部分にかぶせるようにして混ぜる。半分くらい混ざったらココナッツファインを加え、切りながら混ぜる。粉っぽさがなくなったら、ボウルの底にすりつけてさらに混ぜる。

4 全体に混ざったら、切って重ね、これを2～3回くり返してまとめる。

5 スプーンですくってオーブンシートの上にのせてラップをかける。上から押して直径6cmほどの円形にする（写真A）。

6 170℃に予熱したオーブンで20分焼き、焼き上がったらケーキクーラーにのせて粗熱をとる。

A
上からラップをかけて平らにすると、手や道具に生地がつかず効率的。

ピーナッツバターサブレ

四角くまとめて切り分けるアイスボックスクッキー。
ピーナッツバターがあれば、基本の材料で作れます。

材料 （4cmの四角形14枚分）

a

薄力粉 … 100g

きび砂糖 … 30g

ベーキングパウダー … 小さじ1/3

b

植物油 … 30g

ピーナッツバター … 20g

牛乳 … 20g

下準備

・天板にオーブンシートを敷く。
・オーブンを170℃に予熱する。

保存：常温で7日間

作り方

1 aをボウルにふるい入れ、カードで中央に穴をあける。穴の部分にbを加え、液体部分をとろりとするまで泡立て器でよく混ぜる。

2 カードで粉を液体部分にかぶせるようにして混ぜる。半分くらい混ざったら、切りながら混ぜる。粉っぽさがなくなったら、ボウルの底にすりつけてさらに混ぜる。

3 全体に混ざったら、切って重ね、これを2～3回くり返してまとめる。

4 正方形の柱状に形を整え（写真A）、冷凍庫で10分ほど休ませてからナイフで8～9mm厚さにスライスする。

5 オーブンシートの上にのせ、170℃に予熱したオーブンで18分焼き、焼き上がったらケーキクーラーにのせて粗熱をとる。

A
カードの直線（12cm）を目安に長さを合わせて、正方形の柱状に整える。

スコーン

朝食にも重宝するスコーンは、いろいろ
な食感が楽しめる4タイプ。ザクザク、
サクサク、しっとり、ほろほろと特に食
感の違いを実感できる焼き立てを試し
てみてください。ほろほろ食感のほうじ
茶など、アレンジスコーンは具材と食感
の組み合わせが絶妙です。

プレーンスコーン

ちょっとずつ材料が違うだけで、
作り方は4つとも同じ。
だから好みやその日の気分に合う食感の
スコーンを手軽に楽しめます。

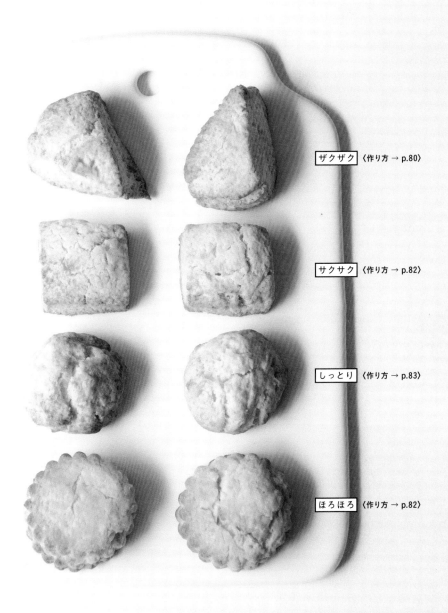

ザクザク 〈作り方 → p.80〉

サクサク 〈作り方 → p.82〉

しっとり 〈作り方 → p.83〉

ほろほろ 〈作り方 → p.82〉

プレーンスコーン　ザクザク

材料 （直径6cmの扇形6個分）

a
薄力粉 … 120g
きび砂糖 … 15g
ベーキングパウダー … 小さじ1
塩 … ひとつまみ

b
植物油 … 40g
ヨーグルト … 30g
牛乳 … 20g

下準備
・天板にオーブンシートを敷く。
・オーブンを 190℃に予熱する。

保存：常温で2日間

作り方

1　aをボウルにふるい入れ、カードで中央に穴をあける。

2　粉の穴にbを加える。

3　穴に加えた液体部分をとろりとするまで泡立て器でよく混ぜる。

4　カードで粉を液体部分にかぶせるようにして混ぜる。

5　半分くらい混ざったら、切りながら混ぜる。

6　粉っぽさがなくなったら、ボウルの底にすりつけてさらに混ぜる。

PLAIN SCONE

7 全体に混ざったら、切って重
ね、これを2〜3回くり返す。
◎生地をこねて粘りを出さないよ
うに、全体をまとめる。

8 打ち粉（分量外）をふった台に
取り出し、べたつくようなら上
からも打ち粉をふる。

9 手で押さえて1.5〜2cm厚さの
円形に整える。

10 ナイフで放射状に6等分に切
り分ける。

11 オーブンシートを敷いた天板
に間隔をあけて並べる。190℃
に予熱したオーブンで15分焼
く。

12 焼き上がったらケーキクーラー
にのせて粗熱をとる。

プレーンスコーン　サクサク

材料 （4.5cm角の四角形6個分）

a
　薄力粉 … 120g
　きび砂糖 … 15g
　ベーキングパウダー … 小さじ1
　塩 … ひとつまみ
b
　植物油 … 50g
　牛乳 … 35g

下準備

・天板にオーブンシートを敷く。
・オーブンを190℃に予熱する。

保存：常温で2日間

作り方

1　aをボウルにふるい入れ、カードで中央に穴をあける。穴の部分にbを加え、液体部分をとろりとするまで泡立て器でよく混ぜる。

2　カードで粉を液体部分にかぶせるようにして混ぜる。半分くらい混ざったら、切りながら混ぜる。粉っぽさがなくなったら、ボウルの底にすりつけてさらに混ぜる。

3　全体に混ざったら、切って重ね、これを2〜3回くり返してまとめる。

4　打ち粉（分量外）をふった台に取り出し、べたつくようなら上からも打ち粉をふる。手で押さえて1.5〜2cm厚さの長方形に整える（写真A）。

5　4辺の端をナイフで切り落とす（写真B）。縦半分に切り、さらに横3等分に切り分ける（写真C）。

6　オーブンシートを敷いた天板に間隔をあけて並べる。切り落とした生地も丸めてのせ、190℃に予熱したオーブンで13分焼く。

7　焼き上がったらケーキクーラーにのせて粗熱をとる。

A

B

C

プレーンスコーン　ほろほろ

材料 （直径5cmの菊形7個分）

a
　薄力粉 … 120g
　きび砂糖 … 15g
　ベーキングパウダー … 小さじ1
　塩 … ひとつまみ

b
　植物油 … 40g
　卵黄 … 1個分
　ヨーグルト … 15g
　牛乳 … 20g

下準備　・天板にオーブンシートを敷く。
　　　　　・オーブンを190℃に予熱する。

保存：常温で2日間

プレーンスコーン しっとり

材料（直径5cmのボール形6個分）

a
- 薄力粉 … 120g
- きび砂糖 … 15g
- ベーキングパウダー … 小さじ1
- 塩 … ひとつまみ

b
- 植物油 … 50g
- ヨーグルト … 40g
- 牛乳 … 10g

下準備
- 天板にオーブンシートを敷く。
- オーブンを190℃に予熱する。

保存：常温で2日間

作り方

1　aをボウルにふるい入れ、カードで中央に穴をあける。穴の部分にbを加え、液体部分をとろりとするまで泡立て器でよく混ぜる。
2　カードで粉を液体部分にかぶせるようにして混ぜる。半分くらい混ざったら、切りながら混ぜる。粉っぽさがなくなったら、ボウルの底にすりつけてさらに混ぜる。
3　全体に混ざったら、切って重ね、これを2〜3回くり返してまとめる。
4　打ち粉（分量外）をふった台に取り出し、6等分に切り分ける。
5　それぞれを手で丸く形作る（写真A）。手のひらで転がすと生地が温まり、油が出てくるので転がさずに手早くまとめる。
6　オーブンシートを敷いた天板に間隔をあけて並べる。190℃に予熱したオーブンで15分焼く。
7　焼き上がったらケーキクーラーにのせて粗熱をとる。

A

作り方

1　aをボウルにふるい入れ、カードで中央に穴をあける。穴の部分にbを加え、液体部分をとろりとするまで泡立て器でよく混ぜる。
2　カードで粉を液体部分にかぶせるようにして混ぜる。半分くらい混ざったら、切りながら混ぜる。粉っぽさがなくなったら、ボウルの底にすりつけてさらに混ぜる。
3　全体に混ざったら、切って重ね、これを2〜3回くり返してまとめる。
4　打ち粉（分量外）をふった台に取り出し、1.5〜2cmくらいの厚さにのばす（写真A）。
5　薄力粉（分量外）をつけた菊型で抜く（写真B）。
6　オーブンシートを敷いた天板に間隔をあけて並べる。残った生地をまとめて同様にのばし、型で抜いて一緒に並べる。190℃に予熱したオーブンで13分焼く。
7　焼き上がったらケーキクーラーにのせて粗熱をとる。

A

B

いちじくと赤ワインのスコーン

赤ワインとヨーグルトを含ませたドライいちじくがふっくらみずみずしいおいしさ。
スコーンのザクザク感と同時にいろいろな食感が楽しめます。

材料（直径4cmのボール形8個分）

a

薄力粉 … 120g

きび砂糖 … 15g

ベーキングパウダー … 小さじ1

塩 … ひとつまみ

植物油 … 40g

ドライいちじく … 70g

赤ワイン … 30g

ヨーグルト … 30g

下準備

・容器に赤ワインとヨーグルトを入れて混ぜ、
　6～8等分に切ったドライいちじくを加えて
　10分おく（写真**A**）。

・天板にオーブンシートを敷く。

・オーブンを190℃に予熱する。

保存：常温で2日間

作り方

1　**a**をボウルにふるい入れ、カードで中央に穴をあける。
　穴の部分に植物油とドライいちじくを漬け汁ごと加え、
　液体部分をとろりとするまで泡立て器でよく混ぜる。

2　カードで粉を液体部分にかぶせるようにして混ぜる。半
　分くらい混ざったら、切りながら混ぜる。粉っぽさがな
　くなったら、ボウルの底にすりつけてさらに混ぜる。

3　全体に混ざったら、切って重ね、これを2～3回くり返
　してまとめる。

4　打ち粉（分量外）をふった台に取り出し、8等分に切り
　分ける。

5　それぞれ手で丸く形作る。手のひらで転がすと生地が
　温まり、油が出てくるので転がさずに手早くまとめる。

6　オーブンシートを敷いた天板に間隔をあけて並べる。
　190℃に予熱したオーブンで15分焼く。焼き上がったら
　ケーキクーラーにのせて粗熱をとる。

A

ドライいちじくに水分を含ませ
て、焼き上がりもやわらかな
食感に。

ほろほろ

カフェモカスコーン

コーヒー風味のほのかな苦みを感じられる生地に、
たっぷりと入ったチョコチップがベストなバランスです。

材料（直径5cmの丸形6個分）

a

　薄力粉 … 120g

　きび砂糖 … 20g

　ベーキングパウダー … 小さじ1

　塩 … ひとつまみ

　シナモンパウダー … 少々

b

　植物油 … 40g

　卵黄 … 1個分

　ヨーグルト … 20g

　牛乳 … 20g

　インスタントコーヒー（粉）… 小さじ2

チョコチップ … 25g

下準備

・天板にオーブンシートを敷く。

・オーブンを190℃に予熱する。

保存：常温で2日間

作り方

1　aをボウルにふるい入れ、カードで中央に穴をあける。穴の部分にbを加え、液体部分をとろりとするまで泡立て器でよく混ぜる。

2　カードで粉を液体部分にかぶせるようにして混ぜる。半分くらい混ざったらチョコチップを加え、切りながら混ぜる。粉っぽさがなくなったら、ボウルの底にすりつけてさらに混ぜる。

3　全体に混ざったら、切って重ね、これを2〜3回くり返してまとめる。

4　打ち粉（分量外）をふった台に取り出し、1.5〜2cmくらいの厚さにのばす。

5　薄力粉（分量外）をつけた丸型で抜く。

6　オーブンシートを敷いた天板に間隔をあけて並べる。残った生地をまとめて同様にのばし、型で抜いて一緒に並べる。190℃に予熱したオーブンで14分焼く。焼き上がったらケーキクーラーにのせて粗熱をとる。

サクサク ジンジャーブレッドスコーン

ジンジャーとシナモンの香りが口に広がるスパイシーなスコーン。
そのままでも、たっぷりとはちみつをつけてもおいしい！

材料（3cm角の四角形9個分）

a
薄力粉 … 140g
きび砂糖 … 15g
ベーキングパウダー … 小さじ1
塩 … ひとつまみ
シナモンパウダー … 少々

b
植物油 … 40g
はちみつ … 20g
牛乳 … 30g
しょうがのすりおろし … 10g

下準備
・天板にオーブンシートを敷く。
・オーブンを190℃に予熱する。

保存：常温で2日間

作り方

1 aをボウルにふるい入れ、カードで中央に穴をあける。穴の部分にbを加え、液体部分をとろりとするまで泡立て器でよく混ぜる。

2 カードで粉を液体部分にかぶせるようにして混ぜる。半分くらい混ざったら、切りながら混ぜる。粉っぽさがなくなったら、ボウルの底にすりつけてさらに混ぜる。

3 全体に混ざったら、切って重ね、これを2～3回くり返してまとめる。

4 打ち粉（分量外）をふった台に取り出し、べたつくようなら上からも打ち粉をふる。1.5～2cmくらいの厚さの正方形に整える。

5 4辺の端をナイフで切り落とす。縦3等分に切り、さらに横3等分に切り分ける。

6 オーブンシートを敷いた天板に間隔をあけて並べる。切り落とした生地も丸めてのせ、190℃に予熱したオーブンで13分焼く。焼き上がったらケーキクーラーにのせて粗熱をとる。

［ほろほろ］ ほうじ茶とくるみのスコーン

生地にムラなく混ざるほうじ茶パウダーとローストしたくるみが香ばしいスコーン。
ほろっと口の中でほどける食感を楽しんで。

材料（6cmの扇形6個分）

a
　薄力粉 … 110g
　きび砂糖 … 20g
　ほうじ茶パウダー … 5g
　ベーキングパウダー … 小さじ1
　塩 … ひとつまみ

b
　植物油 … 40g
　ヨーグルト … 15g
　牛乳 … 20g
くるみ（ロースト）… 30g

下準備　・くるみは粗く刻む。
　　　　　・天板にオーブンシートを敷く。
　　　　　・オーブンを190℃に予熱する。

保存：常温で2日間

作り方

1　aをボウルにふるい入れ、カードで中央に穴をあける。穴の部分にbを加え、液体部分をとろりとするまで泡立て器でよく混ぜる。

2　カードで粉を液体部分にかぶせるようにして混ぜる。半分くらい混ざったらくるみを加え、切りながら混ぜる。粉っぽさがなくなったら、ボウルの底にすりつけてさらに混ぜる。

3　全体に混ざったら、切って重ね、これを2〜3回くり返してまとめる。

4　打ち粉（分量外）をふった台に取り出し、べたつくようなら上からも打ち粉をふる。1.5〜2cmくらいの厚さの円形に整える。ナイフで6等分の放射状に切り分ける。

5　オーブンシートを敷いた天板に間隔をあけて並べる。190℃に予熱したオーブンで15分焼く。焼き上がったらケーキクーラーにのせて粗熱をとる。

しっとり

杏仁アプリコットスコーン

ほんのりと香る杏仁生地で甘酸
っぱいドライアプリコットをくる
みました。杏仁の風味としっとり
とした食感がベストなバランス。

〈作り方 → p.92〉

オートミールスコーン

オートミールやレーズンが入った
ザクザク生地のスコーン。クロテ
ッドクリームや好みのジャムと合
わせるのもおすすめです。

〈作り方 → p.93〉

杏仁アプリコットスコーン

材料（直径7cmのボール形6個分）

a

薄力粉 … 100g

杏仁霜 … 20g

きび砂糖 … 15g

ベーキングパウダー … 小さじ1

塩 … ひとつまみ

b

植物油 … 50g

ヨーグルト … 40g

牛乳 … 10g

ドライアプリコット … 6個

トッピング

スライスアーモンド … 18枚

下準備

・天板にオーブンシートを敷く。

・オーブンを190℃に予熱する。

保存：常温で2日間

作り方

1　aをボウルにふるい入れ、カードで中央に穴をあける。穴の部分にbを加え、液体部分をとろりとするまで泡立て器でよく混ぜる。

2　カードで粉を液体部分にかぶせるようにして混ぜる。半分くらい混ざったら、切りながら混ぜる。粉っぽさがなくなったら、ボウルの底にすりつけてさらに混ぜる。

3　全体に混ざったら、切って重ね、これを2〜3回くり返してまとめる。

4　打ち粉（分量外）をふった台に取り出し、6等分に切り分ける。それぞれドライアプリコットを入れて丸める（写真A）。

5　オーブンシートを敷いた天板に間隔をあけて並べる。表面にスライスアーモンドを3枚ずつのせて軽く押さえる。

6　190℃に予熱したオーブンで15分焼き、焼き上がったらケーキクーラーにのせて粗熱をとる。

A

中央に入れたドライアプリコットを周りの生地でくるむ。転がさずに手早く整える。

杏仁霜（きょうにんそう）

杏仁豆腐に使われる、あんずの種の中にある杏仁をつぶしたパウダー。

ザクザク

オートミールスコーン

材料（4cmの四角形6個分）

a

- 薄力粉 … 80g
- 全粒粉 … 20g
- きび砂糖 … 20g
- 塩 … ひとつまみ
- ベーキングパウダー … 小さじ1
- シナモンパウダー … 少々

b

- 植物油 … 35g
- ヨーグルト … 20g
- 牛乳 … 20g
- オートミール … 25g
- レーズン … 25g

下準備

- 天板にオーブンシートを敷く。
- オーブンを190℃に予熱する。

保存：常温で2日間

作り方

1. aをボウルにふるい入れ、カードで中央に穴をあける。穴の部分にbを加え、液体部分をとろりとするまで泡立て器でよく混ぜる。オートミールとレーズンを液体部分に加え、よく混ぜる。

2. カードで粉を液体部分にかぶせるようにして混ぜる。半分くらい混ざったら、切りながら混ぜる。粉っぽさがなくなったら、ボウルの底にすりつけてさらに混ぜる。

3. 全体に混ざったら、切って重ね、これを2〜3回くり返してまとめる。

4. 打ち粉（分量外）をふった台に取り出し、べたつくようなら上からも打ち粉をふる。1.5〜2cmくらいの厚さの長方形に整える。

5. 4辺の端をナイフで切り落とす。縦半分に切り、さらに横3等分に切り分ける。

6. オーブンシートを敷いた天板に間隔をあけて並べる。切り落とした生地も丸めてのせ、190℃に予熱したオーブンで15分焼く。焼き上がったらケーキクーラーにのせて粗熱をとる。

オートミール

食べやすく加工したオーツ麦。栄養豊富で、パンや焼き菓子に使うと食感のアクセントに。

Column

クリーム＆デコレーションの
アレンジアイデア

ホイップクリーム

どんな焼き菓子にも合う、
プレーンなクリーム。フルーツとの相性もよく、
台湾カステラにサンドしてもおいしい‼

材料（3個分）

生クリーム … 100g
グラニュー糖 … 5g
いちご … 6個
プレーンスコーン ほろほろ … 3個

作り方

1 ボウルに生クリームを入れ、
　グラニュー糖を加えて角が
　立つまで泡立て器で混ぜる
　（写真 **A**）。

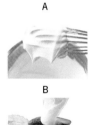

2 スコーンを半分にカットして
　クリームをスプーンでのせ
　る。スライスしたいちごをの
　せ、上からクリームをのせる
　（写真 **B**）。

3 カットしたスコーンをのせ、
　上からクリームをスプーンで
　のせていちごを飾る（写真
　C）。

かぼちゃクリーム

とろりとした食感のクリームは、
おからマフィンやメープルココナッツマフィン
との相性も抜群。

材料（6個分）

かぼちゃ（種を除く）… 400g
グラニュー糖 … 40g
牛乳 … 20g
生クリーム … 100g
かぼちゃスフレマフィン … 6個

作り方

1 かぼちゃペーストを作り（p.36
　参照。ただし、加熱時間は5
　分）、裏ごしして200gをボウ
　ルに入れる。

2 グラニュー糖を加えて泡立て
　器で混ぜ、電子レンジで10
　秒加熱して軽く温めた牛乳を
　2回に分けて加え、そのつど
　よく混ぜる。

3 生クリームを3回に分けて加
　え、そのつどよく混ぜる。

4 氷水にあてながら、泡立て器
　で角が立つまで泡立てる（写
　真 **A**）。

5 マフィンの中央に菜箸などで
　穴をあける（写真 **B**）。

6 星形口金をつけた絞り袋にク
　リームを入れる。マフィンの
　穴に絞り入れ、そのまま山形
　にぐるぐる絞る（写真 **C**）。

手作りクリーム＆デコレーションで、焼き菓子がカフェ風スイーツに変身。
クリームはどの焼き菓子に合わせてもOKです。
ここで紹介するおすすめの組み合わせのほか、お好みのアレンジで楽しんでください。

ヨーグルトホイップクリーム

さっぱり食べられるから
スコーンともよく合います。プレーンや
オートミールで試してみてください。

材料（6個分）

生クリーム … 140g
ヨーグルト … 20g
グラニュー糖 … 15g
トッピング
　ラズベリー … 18個
　粉糖 … 適量
レモンとベリーのスフレマフィン … 6個

作り方

1　トッピング以外の材料をボ
　ウルに入れる。氷水にあて
　ながらハンドミキサーで角
　が立つまで泡立て、泡立て
　器に持ち替えてきめを整える
　（写真**A**）。
2　星形口金をつけた絞り袋に
　クリームを入れ、マフィンの
　表面に山形にぐるぐる絞る
　（写真**B**）。
3　ラズベリーを飾り、茶こしで
　粉糖をふる。

A

B

小豆ホイップクリーム

やさしい甘さでボリューム感も
あるから、小豆ときな粉のマフィンにも
おすすめです。

材料（パウンド1台分）

生クリーム … 60g
ゆで小豆（p.31 参照）… 60g
トッピング
抹茶 … 適量
抹茶パウンドケーキ … 1台

作り方

1　ボウルに生クリームを入れて
　角が立つまで泡立て器で泡
　立てる（写真**A**）。
2　ゆで小豆を加えてゴムべらで
　ムラが残るくらいにさっと混
　ぜる（写真**B**）。
3　ゴムべらでパウンドケーキに
　たっぷりとクリームをのせる
　（写真**C**）。
4　茶こしで抹茶をふる。

A

B

C

吉川文子（よしかわ ふみこ）

お菓子研究家。洋菓子教室「kouglof（クグロフ）」主宰。
手作りのお菓子を友人に出していたところ、作り方を
教えてほしいと言われたのがきっかけでお菓子教室を
スタート。藤野真紀子氏、近藤冬子氏、フランス人パ
ティシエのサントス・アントワーヌ氏に師事。1999年に
「NHKきょうの料理大賞」にて、お菓子部門賞を受賞。
身近にある材料で作れる、簡単でおいしいレシピが人
気。YouTubeでレッスン動画の配信をスタートするなど、
新しいことにチャレンジし続けている。著書に『トレイ
ベイク』（主婦と生活社）、『「糖質オフ」のロールケーキ』
（文化出版局）など多数。

【HP】https://kouglof-cafe.com/
【Instagram】@fumikoykouglof

STAFF

デザイン	桑平里美
写真	千葉 充
スタイリング	鈴木亜希子
取材・文	守屋かおる
校正	西進社
DTP	アーティザンカンパニー

〈撮影協力〉　UTUWA
　　　　　　　岡崎直哉（写真小物、紙箱）

〈材料協力〉　**TOMIZ（富澤商店）**
　　　　　　　オンラインショップ　https://tomiz.com/
　　　　　　　電話：042-776-6488
　　　　　　　（月〜金 10:00〜12:00、13:00〜17:00／土・日・祝日は休業）

　　　　　　　竹本油脂
　　　　　　　https://www.gomaabura.jp/

オイルで作る焼き菓子ベストレシピ

2021年2月1日　初版第1刷発行

著者	吉川文子
発行者	久保田榮一
発行所	株式会社扶桑社
	〒105-8070
	東京都港区芝浦1-1-1　浜松町ビルディング
	電話　03-6368-8870（編集）
	03-6368-8891（郵便室）
印刷・製本	大日本印刷株式会社